Le travail des enfans à Paris

1844

LÉON FAUCHER

TABLE DES MATIÈRES

LE TRAVAIL DES ENFANS À PARIS

Une loi qui pose des limites au travail des enfans dans les manufactures et dans les grands ateliers sera long-temps d'une application très difficile en France ; mais nulle part l'observation de ces règles ne doit rencontrer plus d'obstacles qu'à Paris. Dans les villes qui ont une industrie spéciale, telles que Rouen, Lille, Sédan, Mulhouse ou Reims, la difficulté diminue en quelque sorte par sa simplicité même. Lorsque la nature et la durée des travaux sont uniformes pour tous les ouvriers, et lorsque l'émulation des manufacturiers s'exerce dans un seul ordre de combinaisons un règlement industriel devient presque une affaire de famille ; il ne s'agit plus que de savoir quels sacrifices peut s'imposer l'intérêt particulier, soit des parens, soit des maîtres, au profit de cet intérêt général que représente la tutelle de l'état invoquée en faveur de la génération qui est déjà l'espoir et qui doit être un jour la force du pays.

C'est la diversité des industries juxtaposées qui complique le problème. Il faut que la loi les embrasse toutes, sous peine de consacrer une injustice et de donner une prime à celles que son contrôle n'atteint pas ; mais il faut aussi que le législateur, qui ordonne, et l'administration, qui exécute, tiennent compte des conditions attachées à l'exercice de chaque industrie. Telle manufacture admet des restrictions que telle autre ne comporte pas, et, dans certains cas, huit heures de travail fatiguent plus l'ouvrier qu'une journée de douze heures.

A cette variété des arts industriels, qui est infinie à Paris, vient s'ajouter la division des capitaux, et, par conséquent, celle de la production. Les ateliers se multiplient, mais ils se fractionnent ; par leurs dimensions autant que par leur nombre, ils semblent défier le contrôle des pouvoirs publics. Partout où la fabrication agglomère les ouvriers, la discipline, qui s'introduit nécessairement parmi ces masses enrégimentées, facilite au plus haut degré la surveillance. Le moteur mécanique, eau ou vapeur, est en outre un moyen d'ordre puissant. En réglant l'action des machines, on agit indirectement sur les ouvriers qui les desservent ; car la vapeur, intervenant dans le travail de l'homme, a les mêmes effets que la mesure dans le chant.

Mais que peuvent les règlemens et quelle prise a l'inspection de l'autorité sur ces myriades de petits ateliers qui pullulent à tous les étages, au milieu des quartiers les plus populeux, perchés dans les mansardes ou se cachant dans les caves, composés de deux ou trois ouvriers et d'un nombre égal d'apprentis, où le travail tantôt se relâche complètement et tantôt se tend à l'excès, fait de la nuit le jour, et ne garde ni mesure ni régularité ? Pour que le travailleur, ouvrier ou fabricant, conçoive et observe volontairement les prescriptions légales, il faut d'abord qu'il ait appris à se respecter lui-même et à mettre de l'ordre dans sa vie. Les individus sont comme les nations, qui ont besoin d'une préparation assez longue pour s'élever à l'intelligence des nécessités sur lesquelles repose le gouvernement.

Les difficultés inhérentes à l'organisation de l'industrie dans la capitale seraient encore très sensibles en présence d'une loi bien faite ; elles paraîtront à peu près insurmontables avec les dispositions imprévoyantes et équivoques qui régissent le travail des enfans dans les manufactures et dans les grands ateliers. La loi du 22 mars 1841, exécutoire six mois après sa promulgation, est en vigueur depuis plus de trois ans ; on peut la juger sur cette épreuve. Examinons les résultats qu'elle a produits.

Toute l'économie de la mesure peut se ramener à quelques points principaux, qui sont : l'âge de l'admission dans les manufactures, la durée du travail, l'instruction rendue obligatoire, enfin les moyens de contrôle et de surveillance donnés à l'état. Dans ces élémens divers de la réforme, le législateur s'est notablement écarté des principes admis en Angleterre. Le domaine de la loi française a beaucoup plus d'étendue ; il ne s'arrête pas aux manufactures mues par la vapeur ou par une force hydraulique, et il embrasse encore les ateliers où plus de vingt ouvriers se trouvent réunis. L'âge de l'admission est huit ans, comme dans l'acte voté cette année même par le parlement britannique ; mais les Anglais n'accordent que six heures et demie de travail par jour aux enfans de huit à douze ans, tandis que la loi de 1841 leur alloue huit heures. De douze à seize ans, la durée du travail est de douze heures, la même dans les deux pays. Les enfans de la première catégorie doivent fréquenter une école publique ou privée ; ceux de la seconde sont tenus de prouver qu'ils ont reçu l'instruction primaire ou de suivre, dans le cas contraire, une école que la loi ne désigne pas. Quant à la surveillance exercée par le gouvernement, la loi se borne à déclarer qu'il nommera des inspecteurs qui pourront visiter les ateliers et dresser procès-verbal des contraventions.

Il y a deux systèmes d'inspection : l'inspection gratuite qui ne pouvant être confiée qu'à des hommes de loisir, semble promettre plus d'impartialité et plus d'indépendance, et l'inspection salariée qui, impliquant une responsabilité plus entière, enchaîne davantage le fonctionnaire public à l'accomplissement de ses devoirs. Le gouvernement britannique, dans une contrée où l'aristocratie est cependant prépondérante, n'a pas pu pouvoir confier une mission aussi laborieuse que le patronage industriel des enfans pauvres à des agens qui seraient vis-à-vis de l'état sans autre lien que leur dévouement, et dans un pays essentiellement démocratique comme la France, où la division des fortunes rend ce genre de sacrifice à peu près impossible, on a le courage de faire de l'inspection des manufactures un mandat sans rétribution !

Il est vrai que l'administration cherche à suppléer à la qualité par le nombre. Le département de la Seine a compté, dès le principe, Cinquante-deux inspecteurs dont trente-deux pour la seule ville de Paris et vingt pour les arrondissemens situés extrà lyris. Chacun de ces fonctionnaires doit visiter tous les mois les manufactures de son ressort ; mais combien en trouverait-on qui remplissent cette formalité, tout insignifiante qu'elle est ? combien qui connaissent, qui aient vu même les ateliers sur lesquels leur droit de contrôle s'étend ?

Un recensement général des manufactures et des ateliers sujets à la surveillance de l'état aurait dû précéder la mise à exécution de la loi. Il paraît que l'on n'a rien fait de semblable ; l'administration s'en est rapportée aux renseignemens recueillis à la hâte par les commissaires de police, et de là l'inexactitude des listes que chaque inspecteur a reçues. Ceux qui prenaient leurs fonctions au sérieux ont dû recommencer le travail eux-mêmes, et aller de porte en porte pour constater quelles étaient les manufactures qui comptaient plus de vingt ouvriers et celles qui en comptant moins de vingt, pouvaient décider leur juridiction.

Cette première difficulté aplanie, et la reconnaissance du terrain étant faite, il restait à déterminer dans quelle mesure les prescriptions de la loi se modifieraient selon le caractère propre à chaque industrie. Le législateur avait laissé sur ce point à l'administration une latitude absolue ; 'administration n'en a point usé : elle s'est bornée à déléguer aux inspecteurs le droit de prendre en considération des cas individuels, et elle n'a jamais procédé par voie de règlement. Soit défaut d'expérience, soit absence de volonté, le pouvoir discrétionnaire que les chambres avaient entendu établir comme le correctif nécessaire de la loi du 22 mars demeure encore aujourd'hui sans emploi.

Quelle peut être l'utilité de l'inspection ainsi livrée à elle-même ? L'administration supérieure, en apportant un concours purement passif à cette grande œuvre, n'encourage-t-elle pas sans le vouloir la résistance des intéressés ? Faut-il beaucoup attendre du zèle de fonctionnaires amateurs qui ont en main une loi défectueuse, devant eux des obstacles sans nombre et derrière eux un gouvernement à peu près indifférent ? En un mot, la réforme de 1841 a-t-elle complètement échoué dans la capitale, ou bien, la force des principes suppléant à la négligence des hommes, est-elle par quelque côté en voie de succès ? Voilà ce qu'il m'a paru important de rechercher. Un arrondissement d'inspection était cité à Paris comme présentant le type des résultats possibles ; j'ai accepté la proposition que l'on venait me faire d'en visiter les manufactures et les ateliers principaux.

Ce district manufacturier embrasse le quartier Saint-Antoine et celui des Quinze-Vingts, c'est-à-dire le faubourg le plus industrieux et le plus nécessiteux à la fois. Il y a là une population de quarante à cinquante mille ames, avec six à sept mille pauvres inscrits. Les ouvriers habitent les rues sales et étroites qui longent le canal, ou les taudis groupés autour des rues artérielles du faubourg Saint-Antoine, de Charonne, de Montreuil et de Charenton. Les fabriques et les usines, recherchant l'espace, s'étagent sur les dernières pentes des coteaux qui dominent Paris de ce côté. C'est l'histoire de toutes les villes manufacturières : on réserve pour les machines de luxe des constructions et l'étendue ; les hommes s'entassent, comme ils peuvent, dans quelque coin infect, privé d'air et de soleil. Dans un faubourg où les terrains ont comparativement peu de valeur, les classes laborieuses vivent aussi misérablement logées que dans les bas-quartiers de la rue Saint-Denis et des Arcis. Par une conséquence nécessaire, on y rencontre, avec la même abondance, les maisons de prostitution et les cabarets. Pas plus que la santé de l'homme, la vertu ne peut se passer d'un air libre et pur.

Le plus grand nombre des ateliers échappent, par leur division même, à l'action de la loi qui règle le travail des enfans. Une industrie tout entière, une industrie importante, une industrie essentiellement parisienne et qui a pris domicile dans ces quartiers, l'ébénisterie par exemple, en est affranchie. Le chiffre des fabriques soumises à l'inspection varie entre trente et quarante ; elles ne comptent jamais moins de 350 enfans de huit à seize ans, ni plus de 600 sur 2,000 à 2,500 ouvriers. Ce sont des manufactures de papier peint, des fabriques de bronze, des filatures de coton, des fabriques de châles et de tapis. La loi ne s'appliquant qu'aux ateliers qui renferment plus de vingt ouvriers, et le nombre des ouvriers employés augmentant ou diminuant selon la saison, il arrive fréquemment que l'accès de certaines fabriques s'ouvre à l'inspection pendant l'hiver et se ferme pendant l'été. Les enfans se trouvent ainsi protégés durant la moitié de l'année et abandonnés durant l'autre moitié. L'instruction devient pour eux tantôt obligatoire et tantôt facultative ; la durée du travail s'abrège où s'étend ; l'exercice du droit attribué à l'état dépend entièrement du hasard, et suit en quelque sorte les oscillations du marché.

Pour obvier à cet inconvénient, il suffirait que l'administration, interprétant la loi dans le sens le plus large, déclarât que tout atelier qui aurait réuni à un jour donné plus de vingt ouvriers doit rester soumis à l'inspection alors même que ce niveau viendrait plus tard à baisser. Mais le vice le plus radical de la loi tient à la limite même qu'elle a posée. Ce partage de l'industrie en agrégations de plus de vingt ouvriers et en agrégations de moins de vingt ouvriers ne répond à rien. Les choses ne se passent ainsi dans la réalité. Tout ce qui est travail de fabrique hors de Paris agglomère les hommes et les enfans par centaines ; à Paris, un atelier de quinze à vingt ouvriers est déjà une manufacture, et sort de l'humble sphère de l'artisan pour s'élever aux proportions de l'ordre industriel. Le législateur s'est préoccupé ici sans nécessité des analogies empruntées à la loi pénale ; il n'a pas cru pouvoir étendre les mesures de prévoyance au-delà du point où commençaient naguère, pour les réunions publiques, les mesures de répression. Cependant si l'on veut sérieusement régler la petite industrie comme la grande, il faudra soumettre à tous les ateliers qui compteront plus de dix ouvriers. Au-dessous de ce nombre, le travail est purement domestique ; au-dessus, il prend le caractère d'une spéculation et il exige l'avance d'un certain capital.

Dans l'état actuel, rien n'est plus facile que d'éluder la loi. Un enfant qui se trouve trop pressé par l'inspecteur quitte l'atelier pour se réfugier dans un autre ; il se fait une émigration constante des ateliers inspectés aux ateliers que l'autorité n'a pas le droit d'inspecter. La mobilité naturelle à l'ouvrier parisien s'accroît sous l'empire des restrictions qu'on lui impose. Quand l'enfant voudrait se fixer, ses parens ne le permettraient pas. Le personnel des manufactures change donc, pour ainsi parler, d'heure en heure. Il y a des enfans qui ne font que traverser un atelier, d'autres qui séjournent une semaine, d'autres qui vont jusqu'au bout du mois. Communément, le livret que le manufacturier a demandé pour tel ouvrier âgé de moins de seize ans lui parvient après que l'enfant l'a quitté. J'ai vu jusqu'à neuf livrets à la fois rendus ainsi inutiles dans les mains d'un seul fabricant.

Une loi partielle et partiale, comme celle du 22 mars 1841, pourrait encore obtenir quelque succès dans un centre d'industrie où l'offre du travail excéderait habituellement la demande. Partout où les ateliers qui ne relèvent pas de l'inspection présentent peu de surface, il faut bien que les ouvriers se rejettent sur ceux où l'inspecteur a le droit de pénétrer ; mais à Paris, malgré le nombre immense des habitans il y a tant d'issues ouvertes à l'activité de l'homme, la production déborde avec une telle abondance et la variété des industries est si grande, que les bras sont incessamment en réquisition et que l'ouvrier par conséquent reste maître du marché. On le voit bien à l'élévation des salaires : dans les quartiers que j'ai visités, ceux des adultes sont en moyenne de 3 fr. 50 c. à 5 fr. par jour, ceux des femmes de 1. fr. 25 c. à 2 fr. ; ceux des enfans de 1 fr. à 1fr. 50 c. entre douze et seize ans, et de 75 c. à 1 fr. au-dessous de douze ans. Je ne parle pas des industries de luxe, dans lesquelles la journée rend souvent huit à dix francs à l'ouvrier expérimenté. Le fait qui domine, c'est qu'un laboureur dans les campagnes de la France gagne généralement moins qu'une femme à Paris, et à peine autant qu'un enfant au-dessus de douze ans.

L'ouvrier dans la capitale fait la loi au fabricant, et l'enfant fait la loi à l'ouvrier. On ne saurait croire à quel point ces embryons de travailleurs sont devenus nécessaires. « Il n'y a que trois mille lanceurs à Paris, me disait un ouvrier en châles, et nous sommes à leur merci. » Dans les manufactures de papiers peints, on a beaucoup de peine à se procurer les jeunes auxiliaires appelés vulgairement tireurs. Ceux-ci, après avoir traité de leur salaire, entrent dans l'atelier, travaillent souvent comme par grace une demi-journée et se retirent ensuite : ouvriers et maîtres m'ont déclaré qu'un imprimeur sur papier changeait souvent de tireur jusqu'à trois fois par jour. Cette inconstance d'humeur et cette irrégularité de conduite n'empêchent pas les jeunes élèves de la manufacture parisienne de trouver de l'emploi quand ils le veulent ; les fabricans, ayant besoin d'eux les acceptent malgré leurs défauts.

Mais ce qui aggrave, principalement les, difficultés, c'est que le manufacturier, que le législateur a rendu responsable de la durée du travail et du degré d'instruction, n'a pas de rapport direct avec les enfans employés dans ses ateliers. L'enfant dépend, non du maître qui le reçoit, mais de l'ouvrier auquel il sert d'auxiliaire ; celui-ci le connaît seul et le choisit : le fabricant, s'il voulait faire ce choix lui-même, ne saurait où le trouver. Le salaire de l'enfant est imputé en entier sur le salaire de l'ouvrier, qui, travaillant à façon, rémunère son aide selon la valeur de l'assistance qu'il reçoit de lui. C'est l'ouvrier qui fait le contrat et qui le résilie ; le maître n'a pas à intervenir. Dans ces arrangemens bizarres, la seule prérogative que le fabricant se réserve, c'est la police des ateliers, et quelle police encore ! Avant la loi du 22 mars, les chefs de manufacture ne connaissaient pas même de nom les enfans qui travaillaient chez eux ; les fabriques de Paris étaient des espèces d'hôtelleries où, moyennant un prix de façon débattu, venait occuper un établi qui voulait. Depuis que la loi le commande, il faut bien que le manufacturier cherche du moins à savoir quels sont ceux qui peuplent son usine ; mais cela se fait généralement avec la plus grande négligence. Il se passe quelquefois huit jours avant que l'ouvrier donne au fabricant le nom de l'enfant ou des enfans qu'il engagés : ce nom est alors couché sur un registre ; mais on attend communément la visite de l'inspecteur pour demander un livret a la préfecture et pour exiger, soit la fréquentation de l'école, soit un certificat qui constate le degré d'instruction.

Je n'ignore pas qu'en abandonnant aux ouvriers le soin de traiter avec les jeunes apprentis, les chefs de manufacture simplifient la gestion de leurs intérêts. Je sais aussi que cet usage n'est particulier ni à Paris ni à la France, et qu'il semble consacrée par une apparente nécessité. En y regardant de près cependant, on reconnaît tout ce qu'un pareil ordre de choses a de faux et de fragile. La tutelle, de l'enfant est déléguée ainsi à l'homme le moins capable de l'exercer, et il en résulte pour le jeune ouvrier tantôt une servitude étroite, tantôt, ce qui vaut pas mieux, une indépendance absolue.

Rien n'est plus facile, à mon sens, que de donner un autre cours aux habitudes. Il suffit que la loi impose au fabricant qui emploiera de jeunes enfans le devoir de traiter directement avec les parens. Les ouvriers s'entendront ensuite avec lui pour le choix des auxiliaires qui leur seront attribués. Le fabricant fournit les métiers, les matières premières, le local et le moteur ; pourquoi ne serait-il pas chargé de procurer les enfans qui servent d'appoint à l'homme ou aux machines ? Quand il sera connu que l'admission des enfans dépend, comme celle des adultes, de la volonté du manufacturier, les parens, qui s'adressaient aux ouvriers faute de mieux, viendront faire inscrire leurs demandes à l'avance dans ses bureaux, et le recrutement des ateliers s'opérera ainsi sans obstacle ; quant aux ouvriers, la certitude de trouver dans le personnel de la fabrique des auxiliaires plus réguliers et assujettis à une discipline constante les dédommagera promptement de la dictature contestée et dans tous les cas précaire qu'ils ont usurpée jusqu'à présent. Sans cette réforme dans les attributions respectives du maître et de l'ouvrier, il n'y a pas d'ordre possible. Lorsque le travail associe directement l'enfant à l'adulte, celui-ci est toujours tenté d'abuser de sa supériorité pour opprimer ou pour corrompre ; hâtons-nous de modifier des rapports dont la morale a, si souvent à gémir.

La loi du 22 mars, sans atteindre le but qu'elle poursuivait, a pourtant exercé une influence salutaire sur l'industrie à Paris. Dans les arrondissemens d'inspection, où le contrôle n'est pas purement nominal, en obligeant les manufacturiers à ne pas faire travailler les enfans de douze à seize ans au-delà de douze heures par jour, elle a réduit généralement la durée du travail à douze heures pour tous les ouvriers. Dans les ateliers de papier peint et dans les filatures, la journée commence à six heures et demi du matin pour finir à huit heures du soir du soir ; là-dessus, une heure et demie est accordée aux ouvriers pour leurs repas. Seulement, les adultes profitent de cette amélioration beaucoup plus que les enfans, au bénéfice desquels on pensait l'avoir stipulée. En effet, dans l'intervalle donné à la récréation, les ouvriers obligent leurs auxiliaires à laver les planches ou les outils et à préparer les matériaux du travail, ce qui laisse à peine à ceux-ci le temps de manger. Quelques manufacturiers contraignent encore les enfans à nettoyer le dimanche matin les ateliers et les cours de la fabrique. Cette opération, que la loi anglaise prescrit de terminer le samedi soir, empiète ainsi sur le jour du repos, et cela sans qu'un pareil sacrifice obtienne la moindre rémunération. Dans d'autres établissemens, l'article qui interdit les travaux du dimanche aux ouvriers de moins de seize ans n'est point observé ; pour justifier cette infraction à la loi, on allègue que les commandes pressent, et que les adultes chargés de les exécuter ne sauraient se passer du concours des enfans. Quand les enfans ne sont pas employés le dimanche dans la manufacture, leurs parens se servent d'eux pour confectionner ou pour vendre sur la voie publique des articles de fantaisie, c'est ce que les Anglais appellent job work.

L'industrie parisienne, dépendant des caprices du luxe et des variations de la mode, n'a pas la même régularité que celles qui fournissent les produits de grosse consommation. Elle travaille par saccades, plus laborieuse qu'aucune autre ou plus inactive, selon la saison. L'ouvrier de Paris demeure des mois entiers sans occupation et sans salaire ; le reste de l'année, on l'emploiera quinze à dix-huit heures par jour, quelquefois le jour et la nuit sans interruption. Accoutumé à ces efforts extraordinaires, il demande souvent lui-même prolonger le travail pendant la nuit du samedi et la matinée du dimanche, afin de se livrer à l'oisiveté et de vivre dans les cabarets jusqu'au mardi suivant. Voilà les habitudes dont les enfans sont victimes ; voilà les désordres qu'il faut réprimer, sinon dans le sanctuaire même de la famille tout au moins dans les ateliers ouverts à l'action de la loi. Si la machine industrielle, dans les momens où l'on en force les rouages, ne peut pas se passer de l'assistance des enfans, eh bien ! que le mouvement s'arrête : il vaut mieux condamner les adultes au repos dans l'intérêt bien ou mal entendu des adultes, en priver les jeunes ouvriers.

Mais si la clause limitative qui détermine la durée du travail pour les jeunes ouvriers des manufactures est plus ou moins respectée dans son application aux enfans de douze à seize ans, on peut affirmer que les enfans de huit à douze ans n'en ont pas, jusqu'à cette heure, éprouvé le bienfait. Dans les fabriques de papiers peints, ou les enfans au-dessous de douze ans ne sont pas admis, ou bien quand le fabricant les admet, ils travaillent tout autant que les adultes. Dans les manufactures de châles, le seul répit qu'on leur accorde est le temps nécessaire à l'ouvrier pour mettre l'ouvrage en train, ce qui n'arrive pas tous les jours, ni même toutes les semaines. Dans les filatures de coton, les femmes sont employées à rattacher les fils de la mule-jenny à la place des enfans ; les seuls que l'on occupe sont des bobineurs qui se croisent les bras la moitié du jour, mais dont la présence est nécessaire tant que le travail dure, et qui ne reçoivent par conséquent aucune espèce d'enseignement.

En interdisant aux chefs d'atelier d'occuper les enfans de huit à douze ans plus de huit heures par jour, le législateur avait entendu à la fois, ménager leurs forces et pourvoir au soin de leur éducation. Ni l'un ni l'autre objet de la loi ne se trouve rempli. Dans le petit nombre de manufactures où le travail est réduit à huit heures pour cette catégorie d'ouvriers, une assiduité de douze heures continue à être exigée : c'est une trêve qui sert peut-être à développer le corps, mais qui ne profite pas à l'intelligence, et qui ne fait aucune diversion au régime abrutissant de l'atelier. Malheureusement, la plupart des manufactures excluant les enfans de cet âge, ceux-ci n'ont de refuge que l'apprentissage dans les petites fabriques, où le travail est absolument sans limites et l'instruction sans garantie. Ce sont des esclaves qui changent de maîtres, mais dont l'esclavage s'appesantit.

On accusera peut-être les mœurs ; je n'accuse que la loi. Toute réforme doit rencontrer, soulever même des résistances, et il est dans l'ordre que les intérêts privés ne se rendent pas sans combat. Les ouvriers et les fabricans de Paris témoignent, je le sais, plus que de l'indifférence pour les mesures destinées à régulariser le travail des enfans dans les manufactures ; leur mauvaise volonté éclate en toute circonstance, et se signale tantôt par un refus de concours, tantôt par une opposition déclarée. Il fallait le prévoir, et ne pas donner aux opposans, par les combinaisons de la loi, un prétexte auquel ils pussent s'accrocher. La limite, de huit heures assignée au travail des plus jeunes enfans ne répond à aucune division de la journée, et de là son impossibilité pratique. On peut donner à un ouvrier deux auxiliaires se partager ainsi la journée en deux moitiés égalés : c'est le système des relais ; mais si l'ouvrier n'a qu'un enfant pour l'assister, la durée du travail sera nécessairement pour l'enfant la même que pour l'ouvrier.

L'Angleterre, après bien des tâtonnemens, vient d'adopter le système des relais ; le dernier acte sur le travail des enfans rend ce système obligatoire, en décidant que les enfans ne seront pas employés dans les manufactures plus de six heures et demie par jour, que ceux qui auront travaillé le matin ne pourront pas travailler l'après-midi, et réciproquement que les enfans occupés dans l'après-midi devront s'être reposés dans la matinée. L'étude des faits conduit en France aux mêmes conclusions. Il faut réduire à six heures et demie la durée légale du travail pour les ouvriers les plus jeunes ; joignez à cela quatre heures passées dans les écoles et dans les exercices gymnastiques, et vous aurez l'emploi le plus rationnel de la journée.

Sans doute, les enfans qui ne travailleront que la moitié du jour ne devront pas recevoir le même salaire, et dans l'état de détresse où vivent habituellement les classes laborieuses, c'est là une considération à peser. Cependant, si l'on pouvait examiner tous les cas individuels, ou arriverait probablement à constater que ce travail excessif et ces salaires élevés des enfans servent bien plus souvent à entretenir la paresse et l'ivrognerie des parens qu'à soulager des infortunes réelles. A Paris et à Rouen, comme à Manchester et comme à Birmingham, il n'est pas rare de rencontrer des ouvriers qui, lorsqu'ils ont trois fils ou trois filles, dans les manufactures, vont faire la sieste au soleil et prennent domicile dans les lieux de débauche. Ils s'appellent cela avoir des rentes, et vivent comme ces petits blancs de l'île de France au dernier siècle, que deux ou trois esclaves nourrissaient de leur industrie.

Au reste, la loi du 22 mars a déjà eu pour effet d'éloigner des manufactures les enfans au-dessous de douze ans, et de les reléguer dans les ateliers d'un ordre inférieur, où on les exploite davantage et pour une plus mince rétribution. La diminution des salaires, pour cette catégorie d'ouvriers, est donc un fait aujourd'hui accompli. En ramenant vers les manufactures, la population des plus jeunes ouvriers, le système des relais n'aura d'autre résultat que de leur procurer, pour six heures et demie de travail, dans les grandes industrie, un salaire au moins égal à celui que l'industrie parcellaire leur accorde pour la journée. J'ajoute que des enfans occupés seulement pendant la moitié du jour, libres de consacrer pendant l'autre moitié quelques heures à leur instruction, acquerront bientôt plus d'intelligence et de vigueur, que l'ouvrage qu'ils feront ira plus vite et sera mieux fait, et que, la qualité du travail s'améliorant, la quotité du salaire devra s'élever. Dans les filatures de Paris, une femme employée à rattacher gagne 20 francs par quinzaine, pendant qu'un rattacheur de dix ou douze ans est payé à raison de 10 francs. Dans les manufactures de papiers peints, entre deux tireurs du même âge, mais d'inégale force, la différence du salaire est souvent de moitié.

Les enfans qui remplissent les ateliers sont pâles, faibles, de petite stature, et lents à penser aussi bien qu'à se mouvoir ; à quatorze ou quinze ans, ils ne paraissent pas plus développés que des enfans de neuf à dix ans dans l'état normal. Quant à leur développement intellectuel et moral, on en voit à Paris aussi bien que dans le comté de Lancastre, qui, à l'âge de treize ans, n'ont pas la notion de Dieu, qui n'ont jamais entendu parler de leurs devoirs, et pour qui la première école de morale a été la prison. Il n'y a donc pas une grande témérité à penser qu'une génération plus vigoureuse et plus intelligente obtiendrait dans les ateliers des conditions plus favorables, et que la réduction du salaire ne serait bientôt plus proportionnée à la réduction des heures accordées au travail ; mais ce changement en entraînerait d'autres, et d'abord -il faudrait remanier les catégories établies là loi du 22 mars.

La loi part de deux hypothèses également inexactes ; elle suppose qu'un enfant de douze ans peut supporter un travail de douze heures, et qu'un enfant qui a plus de seize ans peut désormais se passer de protection. Le code civil, d'accord avec la raison publique, fixe à dix-huit ans révolus l'âge auquel un mineur est apte, dans certaines circonstances, à disposer de ses biens. Les mêmes motifs de prévoyance militent en faveur d'une clause légale qui ne permettrait pas au jeune ouvrier, avant l'âge de l'émancipation, avant d'avoir pris, pour ainsi dire, la robe prétexte, de travailler plus de douze heures par jour ; mais en même temps il convient d'élever au moins d'une année l'âge auquel cette tâche d'homme pourra être imposée à l'enfant. A douze ans, l'on n'est pas capable d'un travail de douze heures : les membres n'ont pas assez grandi, les muscles n'ont pas contracté assez de solidité, et l'éducation, si imparfaite qu'on la veuille, n'est pas assez avancée. De douze à quatorze, la voix mue, la taille croît, et la transition de l'enfance à l'adolescence s'accomplit. Attendons que ces premiers symptômes de la virilité aient commencé à poindre ; que le travail des enfans marche jusque-là, si j'ose le dire, à la longe, et que l'on ne puisse plus assujétir les jeunes ouvriers à une journée de douze heures avant l'âge de treize ans.

Passons à la question de l'enseignement. La loi sur l'instruction primaire et la loi sur le travail des enfans devraient procéder d'une même pensée et conspirer au même but. Rien de plus divergent cependant que leurs dispositions, rien de plus opposé que leur principe. La première, appelant aux écoles de jour tous les enfans de six à quinze ans, traite la France comme une nation composée d'hommes de loisir ; la seconde, absorbant les enfans du matin au soir dans le travail des fabriques dès l'âge de douze ans, termine de fait l'éducation au moment où les semences de l'enseignement pourraient devenir fécondes. La loi de 1833 n'admet que deux catégories, les enfans et les adultes ; la loi de 1841 comprend, outre ces deux classes celle des adolescens, catégorie nouvelle pour laquelle aucun moyen d'instruction n'a été réservé. En effet, les adolescens ne peuvent pas fréquenter les écoles de jour, car leur journée appartient à la manufacture, et il leur est tout aussi impossible de se rattacher aux écoles du soir, attendu que ces écoles ne s'ouvrent qu'aux adultes, et qu'il faut avoir au moins quinze ans pour y être reçu.

Dans une société dont l'industrie forme le caractère essentiel, la loi qui pourvoit aux besoins de l'enseignement devrait le régler en vue du travail, il n'est pas possible que l'enfant se traîne sur les bancs de l'instruction primaire, jusqu'à l'âge de quinze ans, si voisin de l'âge d'homme, et il n'est pas bien que, depuis l'âge de douze ans jusqu'à celui de quinze, on laisse une lacune complète dans son éducation. Des asiles jusqu'à six ans, des écoles de jour jusqu'à treize, des écoles du soir et du dimanche jusqu'à dix-huit, et au-delà des cours spéciaux, voilà les institutions qui conviennent à un peuple occupé ; voilà le moyen de mener de front la culture de l'intelligence avec les soins matériels de la vie.

La ville de Paris entretient quatorze classes d'adultes, classes du soir, dont six sont dirigées par les frères de la doctrine chrétienne ; aucune n'admet des enfans de moins de quinze ans. Et de là l'inexécution complète de l'article 5 de la loi sur les manufactures qui veut qu'un enfant de douze ans, lorsqu'il ne saura pas lire, écrire et compter, soit tenu de suivre une école. Au surplus, le zèle des particuliers ne se montre ici ni plus éclairé ni plus actif que celui des communes et de l'état. Il n'existe qu'une seule école privée à l'usage des adolescens dans la capitale : c'est celle que les frères de la doctrine ont établie rue de Charonne, et qui reçoit tous les soirs, de huit à dix heures, deux cents enfans de douze à quinze ans.

Dans cette situation, que peut faire un inspecteur des manufactures ? S'il n'exige pas des jeunes ouvriers complètement illettrés l'assiduité à une école quelconque il enfreint et laisse enfreindre la loi ; s'il insiste au contraire avec rigueur, il s'expose à tenir une conduite inhumaine et inique, car il devra expulser, priver de travail et vouer au vagabondage des malheureux qui avaient peut-être bonne envie de s'instruire, mais à la portée desquels l'instruction n'a pas et placée. La loi ferme l'atelier et n'ouvre pas l'école : pouvait-on se montrer moins prévoyant et plus inconséquent à la fois ?

M. le préfet de police, dans le zèle sincère qui l'anime, a voulu mettre un terme à ce désordre légal. Frappé de l'abandon intellectuel dans lequel vivaient les jeunes ouvriers de Chaillot, il a d'abord provoqué dans ce quartier pauvre la création d'une école du soir. Bientôt il a senti la convenance d'étendre le même bienfait aux autres quartiers industriels, et il a sollicité le conseil municipal d'établir dix écoles du soir où l'on recevrait spécialement les enfans de douze à quinze ans.

Les intentions du conseil ne sont pas douteuses. Il consacre annuellement un million de francs à doter l'instruction primaire ; la construction des maisons d'école figure en outre pour une somme importante dans son budget ; il a introduit dans l'enseignement le dessin et le chant, et il est à la veille d'y introduire la gymnastique ; en un mot, il dépense beaucoup, et dépense avec discernement La proposition de M. Delessert devait donc éveiller ses plus vives sympathies ; cependant, après une enquête sérieuse dont on a soumis les résultats à une longue discussion, la demande du préfet a été repoussée. Je comprends cette détermination sans l'approuver le conseil municipal de Paris s'est retranché dans le texte et dans l'esprit de la loi sur l'instruction primaire [1]. Il a craint d'énerver l'enseignement diurne en instituant pour les enfans un enseignement du soir : on lui a persuadé que les écoles de jour, les seules où l'instruction se puisse donner sur une grande échelle, seraient bientôt désertées pour ces écoles auxiliaires ; que les parens, ayant la facilité de faire instruire leurs enfans à la dernière heure, ne se gêneraient plus pour les surcharger de travail pendant la journée, et qu'il allait offrir ainsi une prime à cette horrible exploitation de l'enfance qui dégrade physiquement et moralement la population de Paris. Néanmoins, et par exception, le conseil municipal a cru devoir fonder à Chaillot une école du soir exclusivement destinée aux enfans de douze à quinze ans ; encore cette exception est-elle motivée sur l'état misérable de ce quartier, dans lequel aucun instituteur privé ne viendra s'établir.

Je suis loin de présenter les écoles du soir, qu'elles reçoivent des adultes ou des adolescens, comme une institution normale. Après avoir travaillé l'ouvrier a besoin de respirer à l'air libre et de détendre son esprit. Il est bien temps alors de rentrer dans la famille, et de goûter ce repos serein que donne l'échange des affections. L'enseignement, venant à la suite d'un travail pénible n'est qu'une fatigue de plus ; l'intelligence en profite mal, et n'en profite en tout cas qu'au détriment de la santé. Entrez vers neuf heures du soir dans une école de ce genre, et vous trouverez qu'un cinquième des enfans s'endort, pendant que les autres font effort sur eux-mêmes pour se tenir éveillés. Pour se soumettre à ces tortures quotidiennes, il faut être dévoré de la soif de connaître, ou sentir l'aiguillon pénétrant de la nécessité. Les écoles du soir sont un expédient transitoire, le correctif d'une société relativement ignorante, mais elles ne sont pas absolument un bienfait ; si l'instruction primaire se généralise en France, dans trente ans nous n'aurons plus besoin de cet enseignement supplémentaire ; aujourd'hui, nous ne pouvons pas nous en passer.

Ces exigences du temps présent, ces lacunes d'un enseignement à peine fondé depuis dix années, voilà ce que le conseil municipal a méconnu. Il a raisonné comme si tous les enfans au-dessous de douze ans recevaient ou pouvaient recevoir à Paris l'instruction primaire, et comme si tous ceux qui ont dépassé cet âge l'avaient vues s'établir à leur portée Or, il n'y a place dans les écoles communales que pour trente-six mille enfans des deux sexes, depuis six ans jusqu'à quinze, fraction bien minime assurément du million d'hahitans qui peuple la métropole. J'e n'examine pas dans quelle proportion est le nombre des enfans admis, s'il représente le quart, le tiers ou la moitié des enfans de cet âge dans Paris ; mais il est avéré que les instituteurs communaux repoussent chaque année de nombreuses demandes d'admission, soit à cause de l'insuffisance du local, soit faute de personnel ; ceci posé, je demande de quel droit le conseil refuserait un asile dans les écoles du soir à tous les petits malheureux qui se sont trouvés exclus par son fait des écoles de jour ? N'y aurait-il pas là un véritable déni de justice ? Et quelle autorité, après tout, peut se croire assez innocente des désordres qui éclatent dans la société, pour être dispensée de travailler à cicatriser ces plaies ?

La crainte, que le conseil municipal parait avoir conçue, de nuire a l'enseignement de jour en créant un enseignement le soir, est au surplus de tout point chimérique. Les deux systèmes ne s'adressent pas à la même classe d'enfans. Il est bien rare que les élèves de l'instruction primaire fréquentent les écoles de jour passé l'âge de douze ans. A cette époque, ils font leur première communion, entrent dans un atelier, et, bien ou mal instruits, ils cessent d'apprendre. L'âge auquel on quitte l'école du jour est précisément celui auquel on vient se faire inscrire dans les écoles du soir. En fondant ces classes auxiliaires et en les réservant aux enfans de douze à quinze ans, le conseil municipal n'aurait donc recueilli que ceux qui sans cela vont manquer d'instruction ; et puisqu'il a jugé l'exception opportune pour le quartier de Chaillot, il ne lui en aurait pas coûté beaucoup plus de l'étendre aux dix quartiers dans l'intérêt desquels M. le préfet de police l'avait sollicitée.

Le conseil municipal n'a pas d'ailleurs à s'enquérir des dispositions qui ont ou n'ont pas été prises pour assurer l'exécution de la loi sur le travail des enfans. Le devoir de faire respecter les restrictions que cette loi établit pèse sur d'autres têtes. Ce qui le concerne, lui, c'est de veiller à ce qu'aucune classe de travailleurs, dans quelque circonstance que le sort les ait placées, et quelque soit l'âge auquel ils appartiennent, ne vienne frapper à la porte des écoles sans être admise à l'instant. Il n'y a pas d'institution dont on ne puisse abuser ; mais la possibilité de l'abus est-elle une raison suffisante pour interdire l'usage ? Les écoles du. soir deviennent indispensables aux enfans de douze à quinze ans, qui travaillent durant le jour dans les fabriques ; ne serait-il pas insensé de les condamner à l'ignorance, sous prétexte que l'instruction qu'ils implorent pourrait profiter à des enfans moins âgés qu'eux ? Eh ! pour Dieu, enseignez toujours, et acceptez des écoliers de toutes mains ; le nombre des hommes ayant une éducation quelconque n'est pas tel dans notre société que l'on doive regarder aux titres de ceux qui demandent à prendre leur part de ce bien commun.

Lorsque le travail des enfans dans les manufactures sera réglé sur des bases plus rationnelles, et que les pouvoirs locaux, de concert avec l'état, auront libéralement pourvu aux besoins de l'instruction primaire, ne restera-t-il rien à faire pour donner plus de force à la loi ? Dans ce monde de passions et d'intérêts, les principes ne cheminent pas sans assistance ; si l'on veut qu'ils soient respectés à toute heure, il faut les appuyer de mesures préventives ainsi que de moyens de répression. Toute grande institution a sa police particulière et ses tribunaux ; il en est ainsi de l'administration, de l'université, du clergé lui-même. Pourquoi l'industrie s'affranchirait-elle de la règle générale ? pourquoi l'état, quand il entreprend de sauver les enfans de la classe laborieuse des excès du travail et des suites de l'ignorance, craindrait-il d'invoquer, pour la tutelle qu'il exerce, cette énergie l'organisation ?

La loi du 22 mars a pour instrument préventif une inspection gratuite, volontaire, et partant inefficace, pour instrument répressif la juridiction ordinaire, juridiction incompétente dans plusieurs cas, lente et coûteuse dans tous. Cette réforme, aujourd'hui purement nominale, ne prendra un aspect sérieux que du jour où l'on aura substitué à l'inspection gratuite l'inspection salariée, et la juridiction des conseils de prud'hommes à celle des juges de paix.

La surveillance des manufactures en Angleterre, en ce qui touche le travail des enfans, avait d'abord été confiée à quatre inspecteurs principaux, lesquels se faisaient assister par quinze surintendans. Chaque inspecteur recevait 1,000 livres sterling par an (25,000 francs), y compris les frais de tournée ; les surintendans, pris dans une condition plus humble et n'ayant pas à se déplacer, touchaient 350 livres sterling (près de 9,000 francs). Les inspecteurs n'avaient pas de communications entre eux, et le seul lien qui les rattachât au ministère de l'intérieur (home office) était l'obligation d'adresser tous les trois mois, sans préjudice des communications accidentelles, leurs rapports au secrétaire d'état.

Une loi récente a modifié cet état de choses. Le traitement des sous inspecteurs a été élevé, et l'on a institué, près du ministère de l'intérieur, un bureau central où les inspecteurs doivent se réunir périodiquement, afin de conférer entre eux et avec le ministre et de mettre, par suite de ce concert préalable, plus d'unité dans leur action. Le bureau des inspecteurs, servant de dépôt pour les documens qui concernent les manufactures, ne tardera pas à renfermer les archives de l'industrie. Il y a là un véritable mais timide essai de centralisation, tel qu'il pouvait être dans un pays où chaque localité, comme la couronne elle-même, prétend ne relever que de Dieu et de son droit.

La centralisation n'est pas à créer en France. Il existe au ministère du commerce un bureau des manufactures, auquel on pourrait rattacher, en l'élevant au rang d'une direction générale, toutes les dispositions nécessaires pour l'exécution de la loi ; mais l'inspection, devant embrasser, soit que l'on s'arrête aux ateliers qui renfermeront vingt ouvriers, soit que l'on descende jusqu'à ceux qui en contiendront plus de dix, une surface beaucoup plus étendue que le terrain délimité par la loi anglaise, exigerait aussi un personnel plus nombreux.

J'ai déjà indiqué la convenance de combiner les dispositions de la loi qui règle le travail des enfans avec celles de la loi qui organise l'enseignement primaire. Il ne me parais pas moins indispensable de lier à la surveillance des écoles celle des ateliers. C'est une seule question sous deux faces diverses, auxquelles peut et doit suffire le même personnel. La France comptait en 1840, suivant le rapport au roi de M. le ministre de l'instruction publique, 168 inspecteurs ou sous-inspecteurs des écoles primaires. Que l'on double ce nombre, s'il le faut, mais qu'on les charge en même temps d'inspecter cette autre partie de l'éducation du peuple, qui est le travail dans les ateliers. L'Université envoie chaque année dans les départemens des inspecteurs généraux qui contrôlent et vérifient les résultats de l'inspection locale ; voilà pour le côté de l'enseignement. On prendra les mêmes garanties pour le côté industriel, et le bureau des manufactures déléguera des inspecteurs généraux qui visiteront une ou deux fois par an les fabriques de leur ressort, avec mission de résoudre, chemin faisant, les difficultés que la surveillance locale aurait rencontrées.

Cette combinaison se présente si naturellement à l'esprit, que je ne serais pas étonné de la voir adoptée dans quelque pays voisin et similaire, la Belgique par exemple, avant que l'administration française ait consenti à s'en occuper. Chaque ministère en France tend à s'isoler dans la grande unité du gouvernement ; chacun d'eux s'attribue le monopole exclusif des fonctionnaires qu'il emploie. Le ministère de l'instruction publique considérerait comme un malheur d'avoir des points de contact avec le ministère du commerce, et le ministère du commerce se prêterait difficilement, peut-être à ce partage d'attributions.

L'opinion publique fera violence, je l'espère, à des scrupules aussi peu fondés en raison. Les préfets correspondent bien avec plusieurs ministres, sans que le principe de la hiérarchie administrative en soit affecté. Les fonctionnaires de l'Université auraient mauvaise grace à se montrer plus difficiles, et ce n'est pas d'eux assurément que la résistance viendrait, car ils savent que la milice universitaire est un clergé civil qui doit, dans toute amélioration sociale, prendre l'initiative et donner l'exemple du dévouement. Ajoutons que le choix ici nous semble forcé. L'assiduité à l'école étant le véritable moyen de contrôler la durée du travail dans les manufactures, il faut bien que l'inspecteur, qui a l'entrée de l'école, ait aussi l'entrée des ateliers.

L'exécution de la loi sur le travail des enfans deviendrait ainsi d'une grande simplicité. Chaque année, les prud'hommes feraient le recensement des ateliers, et tous les mois la liste des enfans employés serait dressée par l'inspecteur, qui recevrait en même temps des instituteurs de l'arrondissement l'état nominatif des écoliers admis à l'enseignement primaire. Le rapprochement de ces listes dirait tout ; il ne resterait plus qu'à dresser procès-verbal des contraventions.

C'est dans la répression de ces délits que la juridiction des prud'hommes exercerait une salutaire influence. Les différends auxquels peut donner lieu le travail des manufactures entre les enfans et les ouvriers, entre les parens des enfans et les chefs de fabrique, seraient ainsi aplanis sur l'heure, et ne franchiraient pas, dans la plupart des cas, l'enceinte du bureau de conciliation. Si la procédure devait monter jusqu'au bureau général, ils y seraient du moins jugés sommairement, sans frais et sans appel. En prenant les querelles à leur origine, on ne laisserait pas aux parties le temps de les envenimer. Faute d'une institution de ce genre, l'industrie parisienne reste et se meut dans l'anarchie. A Lyon, à Rouen, à Lille, à Mulhouse, partout, en un mot, où les conseils de prud'hommes ont été institués, ils ne rendent que la moitié des services qu'ils pourraient rendre, tant qu'on ne les fait pas intervenir dans les mesures de protection que réclame le travail des enfans.

On le voit, la loi du 22 mars n'est pas observée à Paris, et ne peut pas l'être. Pour atteindre le but que le législateur s'est proposé, il ne faudra rien moins qu'une refonte complète de l'institution ; mais ce cadre une fois rempli, en supposant qu'il le soit, le gouvernement aura-t-il le droit de se reposer dans la contemplation de son œuvre ? N'y a-t-il de travail oppressif et énervant que celui des manufactures ? et l'ignorance, ainsi que l'immoralité, sont-elles l'apanage exclusif des enfans admis dans les grands ateliers ?

L'industrie parcellaire domine en France ; l'industrie agglomérée n'y est encore qu'une exception. On peut considérer comme des privilèges malgré la rude corvée qui pèse sur eux, les enfans que la manufacture admet à l'aumône de ses salaires. Une loi qui ne va pas au-delà de cette classe d'ouvriers est donc par cela même très limitée dans ses effets. Le plus grand nombre des enfans, dès que les parens se fatiguent de les nourrir oisifs ou qu'ils veulent tirer parti de leurs services, trouvent un asile dans le grenier du petit fabricant, dans l'échoppe de l'artisan ou dans la boutique du marchand en détail : à quelles conditions y sont-ils reçus ? Si le jeune ouvrier des fabriques est une espèce de paria que l'on enrégimente, du moins la discipline à laquelle il se voit soumis n'a rien de particulièrement arbitraire, et c'est quelque chose que d'avoir une règle, si dure qu'elle soit. Ajoutez qu'il n'appartient au manufacturier, qui le paie, que pour un certain nombre d'heures ; la journée finie, il reprend une liberté dont ses parens lui abandonnent trop souvent la direction. L'apprenti, au contraire, est livré au maître qui le reçoit, corps et ame ; il entre dans cette famille étrangère, non pour y apprendre un métier en donnant par compensation quelques années de son travail, mais pour y remplir les plus humbles, les plus pénibles et les plus dégoûtantes fonctions de la domesticité.

Autrefois l'apprentissage était l'objet d'un contrat : le père de famille déléguait son droit de tutelle, et le maître prenait en retour certains engagemens dans l'intérêt de l'enfant ; aujourd'hui cette transaction, dépouillée de son aspect moral, n'a plus que le caractère d'un marché ; et pour que rien n'y manque, au lieu de recevoir une prime, le maître paie souvent au père une somme d'argent. C'est le prix de la servitude, prix qui se paie en secret à Paris et ouvertement à Londres ; il y a même dans cette ville un marché aux enfans, comme ailleurs un marché aux chevaux ou un marché aux porcs.

Sans doute le maître ne traite pas toujours l'apprenti comme un esclave. On pourrait citer des chefs d'atelier qui montrent une sollicitude vraiment paternelle pour les enfans qui leur sont confiés ; mais plus généralement ceux-ci sont négligés de toutes les manières : on les exploite, on ne songe pas à les former. Aucune espèce d'éducation ne leur est réservée ; ils ne reçoivent ni habitudes religieuses, ni instruction primaire, ni instruction professionnelle ; on ne s'occupe ni d'en faire des hommes ni d'en faire des ouvriers. Encore, si les soins physiques les dédommageaient de cette mise en jachère de l'intelligence ; mais les apprentis n'obtiennent qu'une nourriture grossière et à peine suffisante : il en est que l'on sature de pommes de terre tout le long de l'année. On les couche dans des soupentes sans air ou dans des greniers à rats, et les vêtemens qu'on leur donne, n'étant jamais appropriés aux saisons, ne les soulagent pas de la chaleur et ne les défendent pas du froid ; trop heureux lorsque la brutalité des maîtres n'aggrave pas cette misère par des châtimens quotidiens administrés le plus souvent sans cause et habituellement sans modération !

Pour les enfans employés dans les manufactures, qui sont les élèves externes de l'industrie, le travail, si impitoyable qu'il soit, a des bornes ; pour les apprentis, qui sont les élèves internes de l'industrie, le travail ne s'arrête pas même à l'épuisement des forces, et ne connaît ni règle ni frein. A Paris surtout, où la difficulté de vivre irrite l'âpreté du gain, le maître, ne s'épargnant pas, épargne encore moins ses jeunes ouvriers. Il faut être debout dès cinq heures du matin, et prolonger la veillée bien avant dans la nuit. On va jusqu'à ce qu'il n'y ait plus de sang dans les veines, et que la nature vaincue ne se sente plus vivre ; si elle succombait avant l'heure, on la ranime à force de coups. Tout enfant du peuple a ainsi les galères en perspective, depuis l'âge de neuf ans jusqu'à l'âge de seize ou dix-huit.

Le principal siége de ces tortures, l'enfer de Paris, est l'énorme bloc de rues étroites et de hautes maisons compris, d'une part, entre la ligne tracée par les rues Montmartre et de la Monnaie, et la ligne marquée par la rue du Temple ; de l'autre, par le boulevard et par les quais. Il y a là une multitude de fabricans en chambre, et chez eux plus de vingt mille apprentis. Si l'on veut connaître à quel point ces malheureux enfans semblent abandonnés de Dieu et des hommes, que l'on se reporte aux souvenirs du procès Granger.

Vers la fin de septembre 1839, la clameur publique obligeait l'autorité judiciaire à pénétrer dans un atelier de bijouterie, situé rue des Rosiers. Le juge d'instruction y trouva trente-sept apprentis réduits à l'état le plus déplorable, et il constata des sévices que l'on croirait à peine possibles de nos jours. Le fabricant allait recruter ces enfans dans les hospices et dans les campagnes, afin de posséder sur eux un pouvoir plus absolu. Dès leur entrée dans l'atelier, ceux-ci n'avaient plus de communication avec le monde extérieur. A six heures du matin, la journée de travail commençait pour eux, et durait jusqu'à onze heures du soir, sans autre repos que deux intervalles d'une demi-heure chacun, pour le déjeuner d'abord, et ensuite pour le dîner. La chambre commune où les apprentis prenaient leurs courtes heures de sommeil était un grenier ouvert à la pluie en hiver, et au soleil en été ; ils y couchaient sur de la paille humide, qu'un long usage et le défaut de propreté avaient peu à peu convertie en fumier. Le pain qu'on leur donnait pour réparer leurs forces était mêlé de nénuphar ; on y ajoutait des légumes cuits à l'eau, que leur estomac délabré se refusait quelquefois à digérer, mais auxquels la faim et les coups les forçaient de revenir. Si quelqu'un d'entre eux se ralentissait dans l'exécution de sa tâche accablante, la mégère du lieu le frappait jusqu'au sang. Par un raffinement inouï de cruauté, ses petits camarades devenaient souvent les instrumens du supplice. Tel apprenti avait reçu jusqu'à cent trente coups de nerf de bœuf ou de bâton en un jour ; tel autre avait été plongé dans un baquet d'eau froide ; tel autre, attaché, pendant toute la nuit, à un poteau dans une cave humide ; tel autre, marqué avec un fer rouge comme un pourceau ; tel autre, contraint, il faut bien le dire, d'avaler ses excrémens. Pour cicatriser les plaies de ces malheureux, le bourreau domestique employait le sel et le vinaigre ; pour les consoler de leur esclavage, il les envoyait, le dimanche, à la barrière apprendre le monde avec les ivrognes et avec les filous. Après les mauvais traitemens venait la dégradation ; le système était complet.

Certes le régime de tous les petits ateliers ne ressemble pas à cette horrible histoire ; mais on peut la considérer comme un type, quoique dans l'excès. Le trait le plus général de l'industrie parcellaire, c'est l'oppression des apprentis. Cet état de choses se prouverait au besoin par le nombre des plaintes sur lesquelles les juges de paix de la capitale sont chaque jour appelés à prononcer ; mais il se révèle bien plutôt par les égaremens dans lesquels tombe la jeunesse à Paris. Les enfans du peuple, maltraités de tant de manières, prennent en dégoût l'atelier et le travail. Le vagabondage, avec sa liberté qui console de sa misère, devient pour eux une séduction irrésistible. Ceux qui ne meurent pas à la peine et qui sont las de souffrir vont battre le pavé ; le jour, ils se groupent autour des marchés et des théâtres ; la nuit, ils dorment dans la baraque de quelque étalagiste, dans les carrières ou sous l'arche d'un pont. En fin de compte, c'est la prison qui les reçoit, et voilà comment le département de la Seine compte à lui seul près de six cents jeunes détenus.

La responsabilité du législateur est intéressée, à faire cesser de pareils désordres. On a voulu limiter le travail et assurer l'instruction des jeunes ouvriers dans les manufactures ; la même sollicitude doit se porter sur les enfans employés dans les petits ateliers et chez les artisans. Une loi qui détermine les conditions générales de l'apprentissage est peut-être le besoin le plus impérieux de l'industrie. Ces conditions restent encore en blanc dans nos codes ; la loi du 22 germinal an XI, la seule qui s'en occupe, se borne à déclarer que le contrat peut être résolu soit par les mauvais traitemens du maître, soit par le refus de travail de la part de l'ouvrier ; elle laisse au père ou au tuteur de l'enfant le soin de stipuler ses intérêts, même ceux qu'aucun gouvernement civilisé n'abandonne au libre arbitre des individus ; je veux parler de la morale et de l'enseignement.

Il serait difficile de préciser dans une loi tous les devoirs de l'apprenti à l'égard du maître et ceux du maître à l'égard de l'apprenti. Heureusement cela n'est pas nécessaire. Il suffit de déclarer à quelles conditions le père de famille pourra désormais déléguer à un étranger l'autorité qu'il exerce de droit naturel sur ses enfans. La loi sur l'instruction primaire prend ces garanties pour les parens en faisant passer l'instituteur par certaines épreuves et en lui donnant un caractère public. La loi d'apprentissage atteindra le même but, en ordonnant que tout engagement de ce genre soit libellé par écrit, et que les clauses du contrat soient soumises à l'approbation du juge de paix. L'intervention de ce magistrat aura pour objet de s'assurer que le maître présente les garanties désirables, et qu'il adopte l'enfant au lieu de l'acheter comme une marchandise. De cette manière, le contrat d'apprentissage sera une véritable transmission de tutelle, consacrée par la présence du juge et revêtue du sceau de la loi. Il faudra exiger en outre que tout apprenti, pendant la durée de l'apprentissage, fréquente une école publique au moins deux heures par jour. A Lille, une classe spéciale est ouverte aux apprentis de midi à deux heures ; le même usage s'étendrait sans difficulté à toutes les villes industrieuses, et l'assiduité à l'école deviendrait ainsi, dans les petits ateliers comme dans les manufactures, le correctif le plus sûr du travail.

M. le préfet de police a ordonné un recensement général des ateliers de toute nature dans Paris, en vue d'une loi sur l'apprentissage et pour en fournir les élémens. La même mesure, appliquée à la France entière, préparerait d'excellentes bases de discussion. Il n'y a pas de temps à perdre. Nous n'avons que trop négligé l'éducation publique, ce devoir qui est le premier de toute société. Nous avons combattu, par les armes et par la pensée, pour affranchir les hommes mais qu'avons-nous fait pour les enfans ? L'instruction primaire, abandonnée à ses propres forces sous l'empire, à demi proscrite sous la restauration, n'est dotée aux frais de l'état et des pouvoirs locaux que depuis la révolution de juillet. Encore la dotation a-t-elle été mesurée avec tant de parcimonie, que l'enseignement du peuple, qui devrait attirer les hommes capables, demeure le lot et le pis-aller de ceux qui n'ont pu trouver accès à un poste plus lucratif. Quant à l'enseignement professionnel, les enfans qui sont réduits à l'acheter par leurs services ne l'obtiennent qu'au prix de leur santé, et de leur moralité. Nous formons des sociétés pour travailler à l'abolition de l'esclavage dans nos colonies, et nous oublions, dans nos efforts, ces malheureux serfs de la famille, ces enfans du pauvre, condamnés, presque dès leur naissance, une existence qui étouffe en eux le germe de la vigueur physique et du bien moral ! Comment s'étonner, après cela, de ce que le crime et la misère débordent ? et à quoi nous servent les progrès combinés de la richesse et des lumières, tant que la moitié d'une population comme celle de Paris aboutit à la prison ou à l'hôpital ?

LÉON FAUCHER

NOTE

[1]Quand je parle du conseil municipal, cela doit s'entendre du comité central d'instruction primaire qui représente le conseil.

www.ingramcontent.com/pod-product-compliance
Lightning Source LLC
Chambersburg PA
CBHW070801180526
45168CB00004B/1702